Chantal Couvreur

APRES LE BREXIT,

RÉVEILLONS-NOUS !

TABLE DES MATIERES

AVANT-PROPOS

Je lance ce message comme une bouteille à la mer, en naufragée du XXème siècle qui voit le rivage de la prospérité et de la douceur de vivre s'éloigner dans les brumes de l'oubli.

Si je me suis permis de prendre la parole sur un sujet si important, c'est parce que je n'ai pas vu les ténors de la politique s'y lancer. À la suite de HESSEL, j'ai pensé que c'était à la société civile de se jeter à l'eau.

Certes, ce document n'est qu'un fétu sur l'océan de l'indifférence. Seul, ce texte ne changera rien, mais si nous nous unissons pour vouloir une Europe dynamique et proche des besoins de ses citoyens, alors ce Brexit aura permis à l'Europe de retrouver un nouveau souffle

Si, dans toute l'Europe, les actifs de la société se réveillent, forment des comités de réflexion puis de pression, ils changeront le cours de l'histoire. Ils répondront au désarroi silencieux des personnes âgées et à la colère grandissante des Indignés. Ils auront jeté les bases éthiques de la troisième civilisation. Il faudra que chacun se sente responsable et solidaire de la société de demain, car c'est ainsi que demain sera plus beau qu'aujourd'hui.

Le Mouvement En Marche fait partie de cette tendance et a amené un grand souffle d'espoir à travers la France et même l'Europe.

Depuis quelques années, certains en France, parlaient de la nécessité d'une révolution pour sortir le pays de sa situation malheureuse. Depuis lors je m'interrogeais... La Noblesse a été la victime de la Révolution de 1789, quelle sera la victime de la prochaine révolution ? Je redoute que ce ne soit les Seniors. Il devrait pourtant être possible que toutes les couches de la population soient gagnantes, mais pour cela, il faudra faire preuve de beaucoup d'inventivité et faire fi de réflexes corporatifs.

Nombre d'économistes se penchent sur les aspects techniques de la crise. Nous n'avons pas la prétention de faire concurrence à ces experts. Notre propos se situe dans un autre registre : celui du Bien Commun, basé sur quelques notions fondamentales de la Sociologie. Serait-ce utopique ? Bien des utopies sont nées d'une étincelle bien placée. Puisse cette plaquette devenir une étincelle parmi bien d'autres pour nous réveiller et faire surgir la lumière dans la nuit du désarroi, après le Brexit.

Chacun de nous peut peser quelque peu sur l'avenir du monde .... si nous nous unissons pour vouloir une nouvelle civilisation au service du Bien Commun.

INTRODUCTION

Après le Brexit …

Le Brexit a été comme un coup de tonnerre dans le ciel européen.

Pourquoi un tel désamour de l'Europe ?

D'après The Economist du 06/07/2016, c'est la colère surtout contre la migration, la globalisation et le libéralisme social. La globalisation a semblé favorable mais les responsables n'ont pas apporté d'aide aux perdants. Or, ils sont nombreux ! Ceux-ci ne se sentent plus représentés. Ils tentent donc de trouver leur salut ailleurs.

Ces motifs sont exacts, mais il en existe d'autres plus fondamentaux. Ceux-ci risquent d'amener d'autres pays dans cette même voie.

La sociologie peut nous aider à éviter la sortie d'autres pays de l'Europe.

Les Institutions Européennes ont été créées tout d'abord pour garantir une paix durable dans des pays qui avaient été ravagés par la Seconde Guerre Mondiale et ensuite favoriser le développement économique.

Si nous analysons ces objectifs d'un point de vue sociologique, nous pouvons dire que ceci correspond bien aux fonctions positives des institutions telles que décrites par le sociologue Fichter. En effet, les institutions ont des fonctions positives et négatives.

On considère que les institutions, en général, constituent un frein au progrès social, nuisent à certaines personnalités fortes et trop originales qui développent ainsi un sentiment de frustration. Les institutions représentent aussi un refuge pour ceux qui répugnent à prendre leurs responsabilités. Ces fonctions négatives sont souvent citées pour les institutions politiques au niveau national.

Pour les Institutions Européennes, on entend plus souvent citer le coût de ces institutions et des normes trop contraignantes.

Si ces fonctions négatives des institutions sont tolérées, c'est parce que ces fonctions négatives sont largement compensées par les fonctions positives des institutions. En effet, celles-ci procurent à la société une certaine stabilité qui a pour corollaire un sentiment de sécurité.

L'institution vise un but au moyen d'actions qui donnent des résultats.

C'est par une charte dans laquelle sont précisés but, structure et règles générales qu'on y parvient. Grâce au personnel, aux normes et à un appareil matériel, elles vont pouvoir mener à bien leurs activités visant à la satisfaction d'un besoin humain.

Les besoins se développent chez l'homme par paliers progressifs comme l'a démontré Maslow dans la pyramide des besoins humains.

A la base de la pyramide se trouvent les besoins organiques primaires. Ensuite vient la sécurité d'existence. Si ces deux premiers besoins ne sont pas respectés, l'individu ne s'intéresse pas aux suivants (contacts sociaux, besoin d'estime, réalisation de soi).

D'après The Economist, la gauche s'est concentrée sur les thèmes culturels comme la race, le milieu et les droits de l'homme et la droite sur la méritocratie et le développement personnel mais sans apporter l'aide nécessaire.

Dans ses premières décennies de fonctionnement, les Institutions Européennes ont certainement bien répondu aux fonctions positives des institutions : stabilité et sentiment de sécurité par une expansion de l'activité économique dans un contexte de paix durable.

Mais ces deux fonctions positives ont-elles perduré jusqu'à aujourd'hui ?

Malheureusement non.

C'est probablement avec la création de l'espace Schengen et la libre circulation des personnes à travers l'espace européen, que le sentiment de sécurité a commencé à diminuer chez bon nombre d'Européens.

L'ouverture du marché aux pays de l'Europe de l'Est, sans avoir fait une harmonisation de la sécurité sociale au préalable, a mené à la faillite de nombreux artisans et petits industriels dans les pays fondateurs de l'Union Européenne. Ceci a fait disparaître la stabilité qui régnait depuis la fondation de l'Europe et progressivement, le sentiment de sécurité a diminué.

L'arrivée massive de Migrants venant de pays extérieurs à l'Union et les tragiques attentats terroristes qui ont eu lieu durant ces dernières années ont amplifié le sentiment d'insécurité dans une bonne partie de la population de certains pays.

L'adhésion à une institution dépend de l'avantage que représente ses fonctions positives par rapport au poids de ses fonctions négatives.

A partir du moment où les fonctions positives d'une institution diminuent ou disparaissent, les personnes ne voient plus que le poids des fonctions négatives de l'institution et préfèrent la rejeter. C'est ce qui vient de se passer avec le Brexit.

Il est donc essentiel que l'Europe continue à remplir ses fonctions positives pour lesquelles elle a été créée. Mais pour cela, il faut qu'elle se recentre sur les besoins essentiels de sa population et tout particulièrement des plus de 55 ans, car c'est là que le désespoir est le plus grand.

UNISSONS-NOUS CONTRE LA CRISE

S'indigner[1] face à la situation actuelle, on est d'accord. S'engager[2] ensuite, c'est nécessaire…

Mais pour quel projet ? Pour demander un statu quo ? Que l'Etat Providence subsiste ? Quel beau rêve, mais comme tout beau rêve, il est illusoire. Le monde a changé et les caisses des Etats sont trouées… désespérément !

Nous sommes entrés dans une nouvelle civilisation, celle de l'Information. On peut considérer qu'il y a déjà eu deux grandes civilisations d'un point de vue technique[3] : la civilisation agraire basée sur l'agriculture, puis la civilisation industrielle. Maintenant, nous entrons non sans difficulté dans l'ère de l'information. Elle bouleverse nos modes de production, nos emplois du temps, nos structures familiales jusqu'à nos valeurs : d'une éthique du devoir, travail, dévouement à la famille et au pays, nous sommes arrivés à l'éthique de l'individualisme, recherche du confort, course effrénée au plaisir et à l'argent.

Cette nouvelle société a fait plier les piliers sur lesquels reposait la civilisation précédente. Mais rien ne nous empêche d'agir pour tenter d'influencer ensemble ces nouvelles structures en nous basant sur quelques notions sociologiques.

Grâce à internet, nous pouvons nous unir pour réformer les institutions, créer de nouvelles valeurs, susciter des solidarités nouvelles, attribuer de nouveaux rôles, réintroduire des contrôles positifs ainsi que développer des attitudes positives.

Nous constatons que cette nouvelle civilisation a déjà produit des « miracles ». Le Mur de Berlin est tombé, le Printemps arabe a fait s'effondrer des dictatures

---

1   HESSEL S., « Indignez-vous ! », Indigène Editions, Montpellier, 2011.
2   HESSEL S., « Engagez-vous ! », Edition de l'Aube, 2011.
3   TOFLER A., « La troisième vague », Denoel, 1980.

comme des châteaux de cartes, certains pays du Tiers Monde sont devenus « *émergents* » et se sont développés à une vitesse hallucinante. Cette nouvelle civilisation a une puissance extraordinaire, mais en laissant la finance prendre les rênes du pouvoir, elle a aussi des effets dévastateurs.

Nous pouvons pourtant tous agir, car, grâce à Internet, chacun a la capacité de lancer une pétition mondiale. Avec Avaaz, par exemple, elle fera le tour du monde en un temps minimum.

Deux caractéristiques essentielles des mutations en cours sont en effet l'instantanéité et la mondialisation.

1. L'instantanéité

Depuis que l'information circule partout, le monde est devenu un village Les distances n'existent plus, du moins pour ceux qui ont accès aux nouvelles techniques. Ils peuvent ainsi capter en temps réel les événements du monde, des futiles succès sportifs aux bouleversements climatiques et révolutionnaires. Nous pouvons communiquer avec ceux que nous aimons, où qu'ils soient. Pour ceux qui ont accès à ces techniques, ceci a résolu un problème dont le monde avait souffert pendant des millénaires. Il y a une centaine d'années, quand un membre d'une famille s'expatriait à l'autre bout du monde, on risquait de ne plus pouvoir le revoir de sa vie. Que de tristesse provoquée par la distance !

En l'espace d'une quinzaine d'années, grâce à internet, au GSM, à Skype, les distances ont été abolies. Nous pouvons vivre à l'instant même ce qui se passe à l'autre bout du monde. C'est une merveille dont aucun de nos ancêtres n'a pu profiter ! Hélas, il se forme aussi maintenant des réseaux ayant des effets pervers et non moins bouleversants.

Ainsi, la moindre information négative a des répercussions immédiates sur la bourse des valeurs : les cours montent et descendent à toute vitesse. Ceci peut avoir des effets catastrophiques pour les petits épargnants (dont certains n'ont que leurs actions pour vivre), alors que des traders se font des fortunes colossales.

Il est urgent que des mesures visent à réguler la finance débridée. Les accords dits de « Bâle III » y tendent, mais il y a urgence, la maison brûle, ….

L'instantanéité a aussi un impact catastrophique sur la gestion du monde industriel et bancaire sous la pression de grands fonds. La direction des entreprises doit générer des profits à toute vitesse et de n'importe quelle façon et, à cette fin, elle obtient des bonis ou des stock-options en fin d'année ; au contraire, les conséquences peuvent être douloureuses pour le personnel soumis à pression, voire licencié, tandis que les résultats pour l'entreprise peuvent devenir néfastes à terme. De telles contradictions atteignent l'indécence au vu des sommes gigantesques obtenues par certains dirigeants,

Les traders et ces patrons veulent-ils donner raison à Marx quand il disait que le capitalisme se détruirait lui-même ? Je suis pour un capitalisme humaniste, c'est-à-dire celui qui rétribue chacun à sa juste valeur: certains parce qu'ils ont des compétences particulières, des responsabilités gigantesques, des rythmes de vie effrénés, méritent plus que d'autres, bien sûr ! Le stress sous lequel ils vivent de façon permanente quand ils gèrent de grandes entreprises mérite une rétribution en proportion de leurs compétences et des désagréments qu'ils subissent.

D'autres méritent mieux en raison de leurs conditions de travail pénibles, des horaires difficiles, du stress dû aux pressions quotidiennes. Hélas, la mondialisation leur ôte le bénéfice de ce juste retour. Ceci mérite que nous nous y intéressions dans un autre chapitre.

En ce qui concerne les grands capitaines d'industrie, est-il économiquement sain de les rémunérer en fonction du résultat à court terme ? Est-il éthiquement et économiquement raisonnable de les rémunérer à des niveaux supérieurs à ce que leurs salariés gagnent péniblement au cours de toute une vie ? Pour bien gérer une entreprise, il faut parfois la réorienter, faire des investissements très coûteux dont les bénéfices n'apparaîtront que des années plus tard. Alors, adieu les bonis à court terme ! Ce qui peut amener certains gestionnaires à ne pas gérer en bon père de famille, mais à préférer les gains immédiats, les bonus à court terme, voire même à œuvrer contre les intérêts de leur firme en vue de bénéficier d'un parachute doré.

Les bonis, stock-options et parachutes dorés ne devraient être attribués qu'après cinq ou dix ans, afin de vérifier si le management a eu des effets positifs à long terme.

Certains arguent de la nécessité de payer des sommes exorbitantes aux gestionnaires sous peine de les voir partir ailleurs… Mais de bons gestionnaires, on n'en manque pas. Ils se pressent même au portillon… Le problème, c'est que durant ces dernières années, ils se sont cooptés… et se rendent mutuellement le service de voter l'un pour l'autre des émoluments pharaoniques ! Précédemment, un patron gagnait trente à quarante fois le salaire de base de ses salariés. Maintenant, le ratio peut atteindre 200. Est-ce moralement acceptable ?

Militons pour exiger une nouvelle éthique, en vue de restaurer le capitalisme humaniste. Interpellons nos médias et nos représentants politiques. Ils ont un grand rôle à jouer… car les conseils d'administration ne jouent plus le leur et les G8, G20 et autres ne prennent pas des mesures ad hoc. Comme d'autres[4], militons pour que soit créé un Comité d'Ethique Mondial.

À chaque période de grande évolution, on a créé des organisations internationales pour répondre aux nouveaux besoins de la société, tel l'ONU. Plus près de nous, à des échelons inférieurs, quand les limites de la vie ont été repoussées, se sont créés les comités de bioéthique. Maintenant, nous en sommes arrivés à la nécessité de créer, aux niveaux national, européen et mondial, des comités d'écono-éthique pour l'économie, en leur attribuant en outre un réel pouvoir de décision, de sanction et d'incitation[5].

Il existe aussi pour les consommateurs, une autre manière de faire connaître sa désapprobation: le boycott d'un produit ou d'une marque. Il suffirait de faire passer un message sur le net, incitant tous les consommateurs à ne plus acheter une marque qui ne paie quasi pas d'impôts. Imaginons la situation d'une marque mondiale qui subirait ce boycott pendant un an : ce sont les actionnaires eux-mêmes qui décideraient rapidement de changer de stratégie, vu l'importance des stocks invendus! Et pourquoi ne pas faire aussi un boycott des clubs sportifs et spécialement du football qui paie des sommes exorbitantes pour acheter des joueurs ?

2. Mondialisation

La mondialisation nous a permis de nous vêtir, de nous équiper d'appareils multiples et de décorer notre habitation à des prix ridiculement bas, grâce à des produits venus d'Asie. Nous nous en sommes amusés et puis émerveillés. Nous avons été pris d'une frénésie d'achats… Mais cet afflux de biens venus d'ailleurs a eu un prix : la faillite ou la délocalisation de nos industries, le chômage d'un grand nombre de nos concitoyens, la mise à l'écart de nos travailleurs âgés, l'exclusion de jeunes moins qualifiés et pour ceux restés sur le marché une précarité de l'emploi et un stress croissant au sein de l'entreprise. Comment nos industries pourraient-elles concurrencer les entreprises asiatiques où les salaires sont cent fois moins importants que chez nous ?

Quand on a établi les premières règles de libre-concurrence et de libre échange, on se trouvait dans la société industrielle où les différences de salaires étaient moindres. La concurrence s'établissait essentiellement sur l'ingéniosité de la

---

4   Paul Yves POUMAY, « Pour un comité d'éthique mondial », in La Libre Belgique, Samedi 01/10/2011.
5   Dans le même esprit, il a été proposé de créer un Observatoire de la gouvernance d'entreprise, regroupant des représentants des partenaires sociaux, de la CBFA (gendarme des marchés financiers), des investisseurs, de la Bourse Euronext… « *Pour objectiver les pratiques … pour ensuite, notamment, encadrer les rémunérations et éviter les abus que nous constatons* ». http://archives.lesoir.be/salaires-des-patrons-le-ps-revient-a-la-charge_t-20080403-00FHWX.html

technique utilisée, sur la nouveauté ou la qualité du produit. Les règles édictées pour la société industrielle sont-elles encore adéquates actuellement ?

Comment faire davantage pression pour que les salariés des pays émergents touchent un salaire décent, jouissent d'une sécurité sociale et travaillent avec des normes de sécurité suffisantes ? Un win-win pourrait en résulter : des travailleurs lointains bénéficiant d'une meilleure qualité de vie et nos entreprises occidentales capables de rester concurrentielles, sans devoir licencier un nombre impressionnant de salariés.

CREONS DE NOUVELLES VALEURS

Chaque civilisation connait ses valeurs, ses comportements et ses attitudes propres. A cet égard, la société industrielle se distinguait de la société féodale. Qu'en sera-t-il de la société de l'information ?

Vu la mondialisation et l'essor des pays émergents, davantage de citoyens de la planète vont devenir des consommateurs, ce qui leur sera favorable, mais par conséquence ils vont aussi polluer et ponctionner les ressources de la planète. Si on n'agit pas, la terre deviendra encombrée de déchets, avant de devenir exsangue.

Déjà dans les années septante, le Club de Rome, constitué d'experts scientifiques, politiques et économiques, étaient préoccupés par l'avenir de l'humanité et de la terre. Ils avaient mandaté Dennis Meadows[6] et des chercheurs du Massachussetts Institute of Technology (M.I.T.) de rédiger un rapport, paru en 1972, sous le titre « Les limites de la croissance » qui trouve toute son actualité aujourd'hui.

Selon lui, il est illusoire d'imaginer que nous pourrons nous contenter de procéder à des changements mineurs en matière d'écologie. Pour lui, des changements drastiques seront nécessaires. Depuis lors, nombre d'auteurs ont abondé dans le même sens[7].

L'écologie sera donc une des valeurs obligatoires de cette nouvelle ère et les comportements favorisant une planète durable deviendront une nécessité.

---

6   MEADOWS D et D., Randers J et Behrens W, « Halte à la croissance », Fayard, 1973, Limits to growth – The 30 year Update.

7   JACKSON T, Prospérité sans croissance , La transition vers une économie durable, *Etopia, De Boeck,* 2010

L'enjeu sera de trouver un difficile équilibre entre le Durable et le développement du bien-être pour tous. Il faudra refuser un Durable intégriste qui amène à la régression[8], mais au contraire développer un Durable dynamique, à la recherche de solutions techniques novatrices, à l'aide d'investissements en recherche et développement, pour exploiter économiquement les diverses formes d'énergie, pour trouver des matériaux nouveaux et, de façon plus globale, pour garantir l'accès à l'eau et à l'alimentation, sans pour autant épuiser les ressources de la Planète.

Progressivement, il sera aussi nécessaire d'imposer de nouvelles obligations à tous les niveaux juridiques, que ce soit pour les individus, notamment à propos des « incivilités », ou pour les entreprises pollueuses. Il serait bon dès maintenant de pouvoir condamner toute stratégie industrielle qui a pour effet d'augmenter la pollution : tels les appareils électroménagers dont la durée de vie est raccourcie artificiellement en y incluant un défaut : l'obsolescence programmée.

Développons aussi des règles visant à empêcher les entreprises de vendre les pièces de rechange à des prix prohibitifs pour réparer des appareils. C'est un comportement irresponsable dans la société actuelle. Par ailleurs, le temps est venu de soutenir les processus industriels permettant le recyclage complet des composants, comme cela commence à être pratiqué dans le secteur automobile.[9]

En outre, Il faudra aussi un jour avoir le courage de poser la question de l'éthique écologique des voyages en avion, Ne devrait-on pas imposer une taxe écologique ? Notamment pour que leur prix atteigne au minimum ceux des voyages en TGV ?

Enfin, il conviendra de créer des comités d'écolo-éthique ; combinés avec les comités d'écono-éthique, ils devraient être repris dans le Comité d'Ethique Mondial. De nouveaux éléments devraient entrer en ligne de compte, comme la qualité de vie, l'état de l'environnement (qualité de l'air, de l'eau), le travail des bénévoles.

A la suite de certains auteurs comme Meadows, il faudrait se poser la question de la sur-population planétaire. Celui-ci estimait que la planète ne peut supporter sept milliards d'humains avec un bon niveau de vie.

A l'heure où la plupart des métiers sont transformés par la robotique et où la main d'œuvre aura de moins en moins de place, n'est-il pas temps de se poser des questions restées « tabou » jusqu'à aujourd'hui? Par exemple, est-il encore logique d'inciter les gens, comme après les guerres 14-18 et 40-45, par des primes à la naissance et des allocations familiales à avoir des familles

---

8   BRUCKNER P., « Le fanatisme de l'Apocalypse, Sauver la Terre, punir l'Homme », Grasset, Paris 2011.

nombreuses dans les pays développés ? Nous aurons de moins en moins de travail à proposer aux jeunes. Il ne sera bientôt plus nécessaire d'avoir des chauffeurs pour les camions ou taxis, ni conducteurs de métro; des ordinateurs super-performants nous donneront des avis juridiques en un minimum de temps, beaucoup de métiers seront aussi supprimés par la 3 D.

A notre époque, le mythe de « la belle grande famille » est-il encore justifié et est-il encore logique de donner des allocations familiales ? Le désir d'enfant ne devra-t-il plus être considéré comme un désir sociétal mais personnel ? ... Avec tout ce que cela comporte comme conséquences.

S'il est vrai qu'on ne pourra pas faire l'économie d'une remise en question de certains mythes, il serait aussi nécessaire de reconsidérer certaines valeurs et certaines fonctions, mises à mal par Mai '68 alors qu'elles sont hyper-importantes pour la société de demain.

Emmanuel Macron dès son entrée en fonction a voulu rendre du prestige au statut présidentiel. C'est un bon signal.

D'autres statuts devraient être revalorisés. C'est le cas de l'enseignement. L'enseignement s'est appauvri et le prestige de l'enseignant a disparu. S'il est vrai que certains enseignants avant Mai '68 étaient intouchables et se conduisaient comme des Mandarins, aujourd'hui le balancier est allé trop loin dans l'autre sens: l'enseignant est de moins en moins respecté non seulement par ses élèves mais même par les parents. Comment, dans ces conditions difficiles, pourrait-il bien préparer les jeunes au monde de demain?

L'enseignement devrait retenir toute l'attention du politique, car l'enjeu est de taille : comment développer des nouvelles compétences, tout en gardant l'essentiel de la formation[9] et en tenant compte des défis d'une société multi-culturelle, sans pour autant baisser le niveau des exigences ? Il est fondamental de rendre à l'enseignant son prestige perdu par des actions dirigées vers le grand public(comme dans des séries télévisuelles) mais aussi par des contrôles du politique sur les incivilités commises à l'égard des enseignants .

Pour aider les enfants venus d'autres continents, l'école des devoirs où ils seraient guidés par des pensionnés bénévoles qui leur permettraient de se mettre à niveau serait une solution intéressante sur le plan des nouvelles solidarités à créer.

---

9   DUFLO E., « Le développement humain, lutter contre la pauvreté », Seuil et la République des Idées, Paris, 2010.

Nos recherches minières ayant disparu, nos industries se délocalisant, notre seul trésor est le niveau de nos études. Nous n'avons presque plus que nos cerveaux et nos brevets pour faire vivre notre Europe.

C'est pourquoi, une élite intellectuelle est indispensable pour donner de la prospérité aux pays européens.

Tant pour la formation du plus grand nombre que pour l'accompagnement des élites, des enseignants motivés sont nécessaires : ceux-ci devraient donc être reconnus par la société à leur juste valeur.

Tout acte de malveillance de la part des parents à l'égard d'un enseignant devrait être sévèrement puni par la loi. C'est l'avenir de notre société que l'on agresse quand on s'en prend à un enseignant.

Si un enseignement de qualité doit donc pouvoir susciter des vocations de recherche de haut niveau, deux autres conditions sont essentielles pour permettre à nos jeunes chercheurs de réussir : des moyens financiers pour rester en Europe et un environnement facilitant l'exploitation de leur génie. Quand ils ont inventé, amélioré, il faut donc qu'ils puissent déposer des brevets sans dépenser des sommes faramineuses. Le dépôt dans les différentes langues européennes et la conservation d'un brevet coûtent une fortune en Europe. Or, malgré les efforts de la Commission Européenne, nous n'avons toujours pas un brevet européen… à cause des susceptibilités des différents Etats. Pendant ce temps, de multiples brevets sont déposés à petits prix sur les autres continents. Cette carence contribue à l'appauvrissement de l'Europe : moins de dépôts de brevets, donc moins de sociétés innovantes et, par conséquent, moins d'entreprises florissantes, moins d'emplois créés et moins de rentrées pour les Etats européens.

Comment ceux-ci peuvent-ils commettre une telle erreur ?

Pourquoi les scientifiques européens ne se liguent-ils pas pour faire pression ?

ATTRIBUONS DE NOUVEAUX ROLES

La civilisation de l'information apporte et requiert de nouvelles valeurs. Par ailleurs, de nouveaux rôles pourraient être pris en charge tant par des syndicats que par des clubs services. Nombre de responsables politiques de beaucoup de pays travaillent énormément, mais bien souvent ils donnent l'impression de servir de pompiers qui éteignent les incendies, plutôt que de devenir les guides qui nous montrent la voie à suivre. Quant aux capitaines d'industries, ils semblent souvent plus enclins à supprimer des emplois dans les entreprises vieillissantes que de susciter des innovations prometteuses en termes d'emplois. Qui alors pourraient être ces guides, en plus des Business' angels ?

Les clubs services pourraient jouer un rôle extrêmement utile pour réduire la période de chaos qui précède la mise en place de la nouvelle civilisation. Jusqu'à présent, ces clubs, en plus de la solidarité entre membres, ont soutenu des actions humanitaires très louables. Aujourd'hui, grâce à leurs réseaux mondiaux de membres, couvrant la majorité des secteurs de la vie économique, et grâce à la possibilité de relations instantanées à travers le monde via internet, ils pourraient devenir un moteur en vue de mettre en place une nouvelle société dynamique, solidaire et durable, basée sur les nouvelles valeurs.

Un nouveau rôle apparaît aussi pour les syndicats de pays occidentaux : aider ceux des pays émergents à se constituer avec force.

Pour en favoriser l'éclosion, une union avec le patronat occidental s'impose pour, ensemble, sensibiliser les élus politiques. Agir tant au niveau national que des instances supranationales pour trouver une solution à ces concurrences devenues déloyales : soit interdire l'entrée en Europe de produits qui ne seraient pas respectueux des droits des travailleurs, soit taxer ces produits.

Dans un premier temps, la mondialisation sauvage a permis à des pays de sortir une partie de leur population de la pauvreté. Une classe aisée y a émergé, il y existe donc un marché intérieur. Il est impérieux de leur faire appliquer des règles respectueuses des droits de leurs travailleurs. A cette fin, le rôle des syndicats des pays occidentaux doit évoluer : prendre en compte les contraintes subies par les entreprises en raison de la mondialisation, en cessant de considérer a priori que l'ennemi du travailleur est le patronat. Les marges de manœuvre sont de plus en plus réduites. Patrons et ouvriers se trouvent ensemble sur le même bateau. Le « faire couler » ne sert à rien. Il faut au contraire s'unir pour résister à la concurrence des pays émergents et leur faire respecter certaines règles essentielles pour que les dés ne soient pas « pipés ».

REFORMONS LES INSTITUTIONS NATIONALES

Les institutions répondent de moins en moins bien aux besoins de la population. Celles-ci sont pourtant les structures de l'édifice sur lesquelles se construit notre société.

Ainsi qu'une maison atteinte par la mérule risque de s'écrouler un jour, une société dont les institutions ne fonctionnent plus correctement risque de disparaître.

Il n'y a plus de réelle séparation des pouvoirs politique et judiciaire, comme le conseillait Montesquieu : le Gouvernement prépare les lois, le Parlement procède à des enquêtes et s'érige à l'occasion en tribunal, des juges étendent le champ de la loi, … . L'institution financière a pris le dessus sur les institutions traditionnelles. Il est inquiétant que, dans plusieurs pays dont la Grèce, des technocrates non élus démocratiquement dirigent le gouvernement et que ces derniers, ainsi que certains qui ont des postes-clés de grandes institutions et de ministères européens aient travaillé, à un moment de leur vie, pour le Groupe Goldmann-Sachs[10].

Il est encourageant de voir une certaine évolution positive dans la citoyenneté participative. Tout homme maintenant peut exercer sa citoyenneté tant au niveau national, européen que mondial, d'une façon nouvelle grâce aux pétitions lancées sur internet et, en Europe, grâce au nouveau droit d'initiative citoyenne introduit par le Traité de Lisbonne[11]. Nous pouvons aussi devenir des

---

10   ROCHE M., « La banque : comment Goldmann-Sachs dirige le monde », Paris, Albin Michel, 2010.

11   Possibilité pour un million de citoyens européens, en provenance d'un quart des Etats membres, d'inviter la Commission européenne à faire une proposition sur un sujet qui leur tient à cœur. http://www.touteleurope.eu/fr/actions/citoyennete-justice/les-droits-du-citoyen-europeen/presentation/dossier-special-sur-l-initiative-citoyenne/l-initiative-citoyenne-europeenne.html

consommateurs très avertis en nous informant sur internet des caractéristiques de ce que nous achetons.

Reste à associer davantage le citoyen européen aux processus pré-décisionnels. Des initiatives intéressantes se font jour : café-débats, organisation de « G1000 » et « G32 ». Nous entrons réellement dans la société de l'information. Nous pouvons être informés et faire connaître notre opinion. Ceci est une évolution positive. Profitons du Brexit, pour instituer davantage le rôle de la société civile européenne dans le fonctionnement courant des institutions européennes[12].

Ce Brexit montre le malaise ressenti par les seniors, beaucoup plus que par les jeunes.

Cela n'est pas étonnant après l'arrivée massive et très rapide de migrants en Europe, sans aucune consultation des populations.

A une époque où les personnes en fin de carrière ou retraitées voient leur pouvoir d'achat diminuer et où de nombreuses questions se posent sur la qualité de vie pour leur troisième et quatrième âge, ils vivent très mal les facilités données à de nouveaux arrivants. Une bonne partie des arguments de l'extrême-droite européenne est construite sur ce thème. Et ce n'est pas étonnant car cela apparaît comme une terrible injustice pour les classes laborieuses peu favorisées. L'extrême-droite ne s'est développée que lorsque la démocratie ne répond plus suffisamment bien aux besoins de la population.

Lorsqu'une bonne partie de la population a l'impression que les pouvoirs démocratiques ne répondent plus à certains de leurs besoins essentiels, ils se tournent vers des extrémismes tant de gauche que de droite. Les autorités comprendront-elles ce cri d'angoisse et ce sentiment d'injustice de ceux qui ont participé à la richesse de nos pays ? De ceux qui croyaient avoir des droits et qui se voient dépassés par d'autres qui n'ont pas contribué à l'enrichissement de l'Europe?

N'est-il pas urgent de réintégrer le citoyen européen dans les prises de décision par des référendums ou d'autres techniques nouvelles?

---

12   Forum de la société civile européenne, http://www.forum-civil-society.org/

DEVELOPPONS DES ATTITUDES POSITIVES

L'entrée dans une civilisation nouvelle est perturbante. Comme un tsunami qui déferle sur une ville, elle va détruire bien des acquis et faire trembler les fondations de notre société.

De surcroit, ces mutations prennent place dans une société métissée, brassée par les migrations, confrontée au croisement de religions qui chacune se radicalise.

Face à ces bouleversements, nous pouvons être spectateurs fatalistes et tomber dans le pessimisme. Accepter « *l'horreur économique* »[13] et croire ATTALI qui nous promet d'être tous ruinés dans dix ans…[14].

Ou, au contraire, développer nos capacités d'adaptation en activant nos pensées positives[15]. Pour réussir, il faut penser au succès, se faire une image de sa réussite et remplacer les idées négatives par des positives. Regarder la partie remplie d'un verre… qui est à moitié vide !

Et pour se comprendre dans cette société métissée ? Une attitude particulièrement favorable est l'empathie. Elle permet à celui qui parle de se dire et d'être écouté avec grande attention par son interlocuteur, sans que ce dernier ne fasse intervenir ses propres modèles. Ainsi, il va accepter l'autre tel qu'il est, sans le juger.

Pour obtenir ce type de relation bénéfique, il faut s'accorder mutuellement de l'attention, développer un sentiment positif l'un à l'égard de l'autre et tenter d'accorder ses mouvements pour qu'une harmonie se développe entre soi.

---

13   FORRESTER V., « L'horreur économique », Paris, Fayard, p. 199.
14   ATTALI J., « Tous ruinés », Fayard, Paris, 1996.
15   PEALE N.V., « Les puissances de la pensée positive », Montréal, Le Jour Editeur, 1990, p. 12.

Cette attitude constitue réellement un élément-clé dans les relations interpersonnelles favorisant les communications16. C'est grâce à cette attitude d'empathie que nous pourrons arriver à ce qu'Attali considère comme la cinquième vague d'avenir, l' « hyperdémocratie » : une nouvelle économie dite « positive », produisant des services sans chercher à en tirer profit[17].

---

16   GOLEMAN D., « Social intelligence », Hutchinson, London, 2007, p. 29.
17   ATTALI J., « Une brève histoire de l'avenir », Paris, Fayard, Nouvelle édition, 2015, p. 24.

SUSCITONS DES SOLIDARITES DYNAMISANTES

Aujourd'hui, nous devons faire preuve de créativité afin de ne pas subir un recul dans le domaine social. Au vieillissement de la population s'ajoutent malencontreusement la dette des Etats et la crise économique.

Deux catégories d'âges vont particulièrement en souffrir : les jeunes qui arrivent sur le marché du travail et les personnes âgées. Ces dernières voient actuellement les économies de toute leur vie fondre comme neige au soleil. Ils vont découvrir avec effroi que les soins de santé et de confort seront de moins en moins pris en charge par une sécurité sociale appauvrie.

La crise va enfoncer dans le chômage un nombre de plus en plus important de jeunes. Ils vont aller grossir les rangs des Indignés et deviendront bientôt des désespérés, car le chômage isole[18], réduit les contacts avec la société, fait perdre confiance en soi et empêche de se projeter dans le futur. De plus, les Etats vont devoir diminuer leur endettement. Cela va se faire hélas avec des coupes sombres dans le financement de la sécurité sociale, car les perspectives économiques pour les années à venir ne sont pas réjouissantes en Europe.

Il est dès lors nécessaire de créer des solidarités dynamisantes[19] pour permettre à chacun de reprendre sa vie en main et pour répondre aux nombreux besoins auxquels la société actuelle ne pourra plus répondre.

Par la création de nouvelles solidarités, on pourra éviter le naufrage affectif des vieillards du troisième millénaire et le désespoir des jeunes.

---

18 GAULLIER X., « Vieillir en bonne santé », sous la direction de SEBAG-LANOE, Paris, Desclée de Brouwer, 1997, pp. 329-330.
19 DELIZEE P., « Restaurer la solidarité chaude entre démunis », La Libre Belgique.

La solidarité qui a marqué la fin de l'ère industrielle était une solidarité verticale des actifs vers les non-actifs.

Le moment est venu de créer des solidarités de complémentarité entre classes d'âges.

Un service civil pour tous les jeunes, orienté vers des nouveaux besoins de la société (aide aux personnes âgées, aux jeunes parents, restauration des lieux naturels, curage des ruisseaux, stratégies biologiques pour éviter les inondations, participation à la mise sur pieds de starts-up) permettrait à des jeunes de tous horizons d'avoir conscience de faire partie d'une nation, de rencontrer des jeunes issus de toutes les classes sociales et de toutes les origines, de s'intégrer dans la société nouvelle, pour autant qu'ils soient pris en charge dans des structures étatiques, en évitant ainsi toutes les dérives possibles. Ils découvriraient les structures du monde du travail, seraient mieux armés pour obtenir un travail après le service civil, voire pour le créer eux-mêmes. Ce sont des éléments qui contribuent à créer une nouvelle confiance dans l'avenir. C'est une proposition que je fais depuis 1995 (21), soucieuse de trouver des solutions pour répondre aux besoins nouveaux. A l'époque, des autorités politiques belges m'avaient dit que cette alternative avait déjà été envisagée mais rapidement abandonnée pour raisons financières. Maintenant que le Président Macron veut introduire un service civil, des voix se lèvent pour invoquer cette difficulté .C'est certainement exact, si on l'organise avec la même structure que l'ancien service militaire... mais on peut faire preuve d'imagination. Les deux coûts principaux sont probablement dans le domaine immobilier et dans le domaine du personnel d'encadrement. Pourquoi ne pas utiliser les centres de vacances comme casernes pendant l'hiver … et les écoles pendant l'été? La vie en communauté pourrait être réduite à la période d'instruction d'une durée d'une quinzaine de jours, ensuite chacun retournerait loger chez soi. Pour diminuer les coûts de personnels d'encadrement, il faudrait se tourner vers les militaires de carrière. Comme ceux-ci sont pensionnés très jeunes, pourquoi ne pas leur demander de faire deux années complémentaires comme personnel d'encadrement, faire appel aussi à des bénévoles parmi les professeurs de gymnastiques et entraineurs de clubs sportifs?

Concernant l'uniforme, celui-ci pourrait être réduit au coût d'un polo et à un sweat-shirt. Puisque les jeunes portent tous un jeans en toutes circonstances, il ne serait pas nécessaire de leur en fournir un. Dans le domaine vestimentaire, les dépenses seraient ainsi fortement diminuées aussi.

Les jeunes pensionnés de toutes les professions ,quant à eux ,pourraient s'investir dans des actions visant à répondre à des besoins non couverts par le pouvoir politique, par exemple en contribuant à la formation des jeunes dès le plus jeune âge (école des devoirs), l'intégration des immigrés et à la qualité de vie des enfants et des citoyens fragilisés par l'âge ou un handicap physique, mental ou social. Des incitants devraient les y encourager.

Il est urgent aussi de faire entrer le troisième âge dans la nouvelle économie de partage.

Dans cette optique, le concept des habitats participatifs pour seniors seuls et autonomes, à revenu modeste est particulièrement intéressant.

Il permet à des personnes âgées en bonne santé de garder leur indépendance tout en supprimant la solitude et le sentiment d'insécurité. Ces maisons sont constituées de huit à dix appartements privés mais petits (environ 40 m²) avec un espace commun pour prendre un repas en commun, discuter de l'actualité ou d'une visite culturelle. Ce qui permet de créer de nouveaux liens d'amitié et de solidarité.

Au lieu de tomber dans la déprime due à une réduction des activités, moyens financiers ou liens sociaux, les habitants de ces maisons peuvent se lancer dans un nouveau projet de vie. Ceci a un effet dynamisant et des conséquences positives sur leur santé.

Un écueil important est toutefois à éviter : la prise de pouvoir dans une maison par un ou deux habitants dominants, c'est ce qui arrive fréquemment. Etant donné les tendances humaines, le seul moyen d'éviter cette situation aux conséquences dramatiques pour les autres habitants est la mise en place de statuts prévoyant une structure faîtière incluant des contrôles avec possibilité de sanctions si nécessaire.

REINTRODUISONS DES CONTROLES POSITIFS

Avec sa formule choc « Il est interdit d'interdire », Mai'68 est parvenu à transformer la société. Certaines transformations ont été salutaires. D'autres ont mis à mal des éléments positifs de la vie en société. C'est le cas des contrôles positifs.

S'il est vrai que les contrôles négatifs, bien nécessaires dans certains cas, peuvent toutefois être frustrants pour l'individu, les contrôles positifs donnent du dynamisme et nous permettent de nous dépasser. Malheureusement, la plupart ont disparu. Ce sont les décorations et médailles que l'on distribuait précédemment dans tous les domaines et dès le plus jeune âge. Actuellement, on n'en donne presque plus, si ce n'est dans les sports. Il est intéressant de constater que le sport est le domaine de la société où se trouve le plus grand nombre de réussites d'immigrés. Cela n'est pas anodin.

Cette suppression des contrôles positifs est bien regrettable car ils mettaient du « piment « dans la vie de l'individu, dès le plus jeune âge. C'était une façon de mettre en valeur chaque personne et donc de l'amener à faire de son mieux. Il n'était pas nécessaire d'être un génie pour être décoré, ...dès la maternelle. On pouvait être le meilleur en discipline, en ordre, en politesse, en dessin ou en gymnastique. Bref, tous les talents ou les efforts de l'enfant étaient récompensés. Ainsi l'enfant se sentait reconnu par son instituteur... et le calme régnait dans la classe.

Il n'est pas possible que chaque citoyen devienne un Bill Gates, mais il devrait être possible d'aider chacun à être félicité aux différentes périodes de sa vie , reconnu dès qu'il fait mieux que la moyenne ou qu'il pose un acte positif pour le Bien de la communauté, ainsi chaque citoyen aura un rôle actif dans la société , plutôt que de la subir.

Le temps des médailles est passé mais celui des contrôles positifs, avec l'aide des réseaux sociaux, pourrait connaître un bel avenir, bénéfique pour tous.

TAXONS AVEC UN OBJECTIF DE SANTE PUBLIQUE

Pour diminuer le poids de la dette de l'Etat et répondre aux besoins générés par le vieillissement de la population, il faudra inévitablement lever de nouveaux impôts. Tentons de transformer cette menace en opportunité notamment via la prévention des maladies engendrées par la société de consommation.

Comment ? En taxant les produits nocifs pour la santé avec le double avantage potentiel : améliorer le bien-être de la population et restreindre le coût des maladies engendrées par les mauvaises habitudes. Les premières cibles devraient être l'obésité, les maladies cardio-vasculaires et le cancer : il faut contrer la publicité incitant la population à des comportements malsains et taxer les produits concernés : taxer davantage le tabac et l'alcool, introduire une taxe sur les boissons sucrées (pour contrer l'obésité), et sur les graisses hydrogénées (pour prévenir les maladies cardio-vasculaires),

Pour la prévention du cancer, taxer l'usage du bisphénol A dans des récipients en contact avec des aliments, voire même les interdire à terme, de façon à booster la recherche d'une nouvelle substance ….En outre, taxons les sacs en plastique, source d'une nouvelle pollution : celle d'une étendue énorme de l'océan[20]. Toute vie y a disparu dans cette zone. En outre, les poissons qui avalent du plastique contaminent les hommes qui mangent ces poissons. La chaîne alimentaire est touchée. Il est urgent d'agir et il existe des alternatives aux sacs en plastique : papier, matière recyclable à base de maïs, sac tissé réutilisable, … Et l'on dispose là d'une source d'impôt gigantesque et salutaire pour la planète

---

[20]   United Nations Environment Programme, *Marine litter : a global challenge*, 2009 : 232, http://www.unep.org/regionalseas/marinelitter/publications/docs/Marine_Litter_A_Globa l_Challenge.pdf.

La nécessité de lever des nouveaux impôts constitue sans doute une opportunité extraordinaire pour réorienter la société vers la protection de la santé et de la Terre.

La tentation de faire peser les nouveaux impôts sur les Seniors peut être grande mais ce serait à la fois injuste … et probablement contre-productif.

Injuste d'abord parce que les Seniors ont travaillé souvent très dur, et depuis leur prime jeunesse pour obtenir leur pension. C'est un droit qu'ils ont acquis de façon tout à fait régulière et officielle.

Contre-productif, ensuite parce que, si les Seniors sentent la pression taxatoire se focaliser sur eux, ceci va induire un cercle vicieux : augmentation du stress (augmentation donc du recours aux tranquillisants et anti-dépresseurs), diminution de la qualité de vie (affaiblissement du système immunitaire(21), apparition de maladies .La conséquence sera une augmentation considérables des dépenses de l'Assurance Maladies -Invalidité. L'Etat finalement n'atteindra pas son objectif mais il aura diminué la qualité de vie de tous les seniors du pays. Par contre en taxant avec un objectif de santé Publique ou de Durabilité, l'Etat gagnera sur 2 aspects : les impôts et la réduction des dépenses en Santé Publique.

CREONS UN MONDE RESPECTUEUX DES HOMMES ET DE LA TERRE

Pour s'orienter vers un monde <u>respectueux des hommes et de la terre</u>, une charte serait bienvenue. Le projet suivant s'insère dans le cadre d'un système capitaliste, lequel a montré son efficacité pour développer une large partie du monde. Mais il a aussi montré ses limites et ses défauts. Militons donc pour en diminuer les excès. Tentons d'en fixer des balises pour qu'il devienne plus respectueux des êtres humains. Une charte peut y contribuer ; c'est un modeste pas avant que des mesures plus contraignantes en favorisent l'application.

1. L'économie capitaliste doit être régulée afin d'en brider les excès déshumanisant.

2. L'Union européenne associera la société civile à l'élaboration de ses politiques communes en accordant une attention toute particulière aux préoccupations exprimées en terme de besoins par les Européens et plus spécialement encore aux victimes de la mondialisation.

3. Les gestionnaires méritent un salaire en proportion de leurs responsabilités, mais ne dépassant pas trente à quarante fois le salaire de base. Vingt à trente pour cents de leur rémunération pourront varier en fonction des résultats de l'entreprise, mais seulement après cinq ou sept années de gestion.

4. Une agence de notation boursière, sans lien avec les sociétés cotées, doit être créée sur chaque continent. Les autres ne pourront pas coter les mêmes sociétés plus de deux ans d'affilée.

Un comité d'écono-éthique mondial sera créé. Il évaluera les agences de notation boursière et suivra l'évolution des droits des travailleurs, notamment dans les pays émergents.

5. L'Europe sociale devrait mettre l'accent sur l'harmonisation des taxes et salaires de manière à éviter la mise au chômage des ouvriers de certains pays et l'hémorragie de main d'œuvre dans d'autres.

6. Les innovateurs et les chercheurs seront associés aux bénéfices des entreprises. Un brevet européen sera mis en place dans les plus brefs délais.

7. Dans ses projets d'économie durable, l'Union européenne s'appuiera sur des experts en énergie et aussi sur un comité d'écolo-éthique.

8. Un large débat sera organisé sur les risques de sur population, dans la perspective d'une Planète durable et de l'offre d'une qualité de vie suffisante pour chaque Européen.

CONCLUSION

La vie est étrange…

Pourquoi décider d'écrire sur la crise ? À quel titre ?

L'absence de mesures efficaces par les pouvoirs compétents certainement, comme en 1985.

Ne voyant pas de prise de position du politique face à l'acharnement thérapeutique à l'égard des patients au stade terminal, j'ai eu le sentiment d'une injustice à l'égard de ces derniers. J'ai donc, avec une petite équipe de bénévoles, mis sur pied la première équipe de soins palliatifs de Belgique en mai 1985. Ensuite, j'ai été nommée expert en soins palliatifs à la Commission Européenne. Je croyais que toutes les demandes d'euthanasie pourraient ainsi être évitées, mais il subsistait un petit pourcentage pour lesquels nous n'arrivions pas à contrôler la douleur physique ou morale.

J'ai redouté les euthanasies pour motif économique, vu le vieillissement de la population. J'ai repris la plume pour militer en faveur d'une dépénalisation partielle de l'euthanasie.

Entretemps, le sida était arrivé. Après avoir fait des ravages dans le milieu homosexuel, il s'est attaqué aux femmes. J'ai alors déposé un brevet de préservatif féminin.

La vie est étrange…

Qu'est-ce qui me fait agir ? L'urgence probablement, face au désarroi des gens devant l'absence de réponse des autorités. Je n'aime pas l'injustice, c'est pourquoi je me lance à l'eau : une réponse imparfaite est meilleure que le silence.

Et la crise ?

Depuis des années, le vieillissement de la population européenne m'inquiétait : il faut prévenir les répercussions néfastes de ce phénomène qui peut influencer la qualité de vie des vieillards. J'avais repris la plume[21] pour proposer des solutions.

Maintenant, les crises financières risquent de plonger dans la misère un nombre impressionnant de jeunes, adultes et seniors. Dès aujourd'hui, au désespoir silencieux des vieux s'ajoute la colère grandissante des Indignés.

La Révolution française est apparue lors d'un endettement colossal de l'Etat et d'une extrême pauvreté des paysans. Aujourd'hui, les Etats plient sous le sur-endettement. Les agriculteurs n'arrivent plus à atteindre la rentabilité et se suicident de désespoir, tant en Inde qu'en France. Des travailleurs plient sous le stress d'exigences croissantes et beaucoup restent pauvres, voire SDF, malgré leur labeur.

RÉVEILLONS-NOUS !

Des nonagénaires comme Stéphane Hessel avaient repris la plume malgré leur très grand âge. Des septuagénaires comme de Closset leur ont emboîté le pas.

Mais les ténors de la vie politique, où sont-ils ? Que font-ils pour répondre aux nouveaux défis ? Quelles stratégies mettent-ils en place pour répondre au désarroi des Indignés qui avaient envahis Wall Street ? Ils travaillent certes, mais leur action est contrecarrée par la puissance des grands financiers.

Meadows[22] estime que le grand défi pour les dix ou quinze années à venir est de faire évoluer la société en évitant le chaos, car ce serait la perte des libertés. Attali nous annonce la ruine, les écologistes des catastrophes climatiques, L'explosion démographique peut être source de guerres, d'épidémies, d'émigrations non contrôlées. Face à ces mauvais présages, tentons de nous engager dans un processus d'évolution en régulant davantage les finances débridées, en réhumanisant le système capitaliste, en associant davantage la société civile au fonctionnement des institutions, ...

Le Brexit, nous a surpris mais, comme le dit Christine Lagarde, la Grande-Bretagne a souvent empêché des avancées salutaires pour l'Europe. Profitons-en !

---

21   COUVREUR Ch., « Les nouveaux défis des soins palliatifs », De Boeck Université, Bruxelles, 1995.
22   MEADOWS D., Ibidem, in La Libre Belgique 24.11.2011, page 3.

Le Brexit, nous pose un nouveau défi. Ne passons pas à côté de cette opportunité. Osons, en tant que société civile, prendre la parole pour proposer des sujets de réflexions et de modestes solutions. Peu importe qu'elles soient retenues ou non, si elles ouvrent la voie à d'autres : pourvu que celles-ci puissent ré enchanter les Européens !

Bruxelles 24 janvier 2017
Antibes 12 juillet 2017

BIBLIOGRAPHIE

- Abstracts, *second Annual Meeting of the International Society for Quality of Life Research (ISOQUOL) 14-17 October 1995*, Montreal, Canada, Quality of Life Research, Vol. 4, number 5, October 1995.
- Albouy S., *Eléments de sociologie et de psychologie sociale*, Paris, Privat, 1976.
- Attali J., *Chemins de sagesse* - Traité du labyrinthe, Fayard, Paris, 1996.
- Attali J., *La crise et après*, Fayard, Paris, 2008.
- Attali J., *Tous ruinés*, Fayard, Paris, 2010.
- Beck D. et J., *Les endorphines, l'autogestion du bien-être*. Le souffle d'or, coll. Chrysalide, 1993.
- Bernard J., *Médecin dans le siècle*, Paris, Laffont, 1994.
- Bruckner P., *Le fanatisme de l'Apocalypse, Sauver la Terre, punir l'Homme*, Grasset, Paris 2011.
- Cassiers I. et Thiry G, Au-delà du PIB : réconcilier ce qui compte et ce que l'on compte, *Regards Economiques*, décembre 2009.
- Coelho P., *L'Alchimiste*, Paris, Ed. A. Carrière, 1994.
- Cohen S. R., Mount B. M. and MacDonald N., *Defining Quality of Life*, European Journal of Cancer, Vol. 32A. N°5, pp 753-754, 1996.
- Commission Européenne DGV News n° 7, 26/02/1996.
- Commission of the European Communities. "*Europe Against Cancer*" action plan, 1987-1989. Official Journal of the European Communities 1987, 87/C50/01, pp 1-58.
- Commission of the European Communities. "*Europe Against Cancer*", Luxembourg, Office for Official Publications of the European Communities (ISSN 0379-3133), 1988.
- Comte-Sponville A., *Petit Traité des Grandes Vertus*, Paris, PUF/Perspectives critiques.
- Conner D., *Managing of the speed of change*, New York, Villard Books, 1995.
- Council of Europe. Recommendation n° R(89)13, 1989.
- Couvreur Ch., *Sociologie et hôpital*, Paris, Le Centurion, 1978.
- Couvreur Ch., *Les Soins Palliatifs*, Paris, Medsi-Mc Graw Hill, 1989.
- Couvreur Ch., *Enquête sur les soins palliatifs en Europe*, Europe Contre le Cancer, Bruxelles, Doc. DG V.E.1./6601/93.
- Couvreur Ch. *Nouveaux défis des Soins Palliatifs*. Bruxelles, De Boeck Université, 1995
- Couvreur Ch., Enquête "*Qualité de Vie et Soins Palliatifs*" réalisée pour la Commission Européenne, Luxembourg, 1997, DOC CE V/3-97-005-FR-C.
- Couvreur Ch., *La qualité de vie : art de vivre pour le XXIe siècle*, Bruxelles, Racines, 1999.
- Covey S.R., Merrill A.R., Merrill R.R., *First things first, to live, to love, to learn, to leave a legacy*, New York, Simon & Schuster, 1994.
- Crozier M., *La crise de l'intelligence*, Paris, Inter Edition, 1995.
- Damasio A.R., *L'erreur de Descartes, La raison des émotions*, Paris, Ed. Odile Jacob Sciences, 1995.
- DE DUVE Ch, Génétique du péché originel. Le poids du passé sur l'avenir de la vie

Odile Jacob, 2009 : 237.

- Delbecque H. *Les soins palliatifs et l'accompagnement des malades en fin de vie*. Ministère de la Santé et de l'action humanitaire, Paris, 1993.
- Delerm Ph., *La première gorgée de bière et autres plaisirs minuscules*, Paris, Gallimard L'Arpenteur, 1997.
- Delizee P., *Restaurer la solidarité chaude entre démunis*, La Libre Belgique
- Descartes R., *Discours de la Méthode*, Paris, Union Générale d'Edition, Le Monde en 10/18, 1962.
- Devoghel J.C., *La douleur, une histoire d'un million d'années*, Laboratoires Substantia, 1975.
- Duflo E., *Le développement humain, lutter contre la pauvreté*, Seuil et la République des Idées, Paris, 2010.
- Durkheim E., *De la division du travail social*, Paris, PUF, 1952.
- European Commission "*Europe Against Cancer*" Programme, Report of a Subcommittee on palliative Cancer Care, Brussels, 1991.
- Fallowfield L., *Quality of Quality-of-Life data*, the Lancet, Vol. 348, August 17, 1996.
- Fayers P., Aaronson N., Bjordal K., Sullivan M., EORTC, QULQ - C30. Scoring Manual, EORTC Study Group on Quality of Life, Brussels, 1995.
- Forrester V., *L'horreur économique*, Paris, Fayard, p. 199.
- Gaullier X., *Vieillir en bonne santé*, sous la direction de R. SEBAG-LANOË, Paris, Desclée de Brouwer, 1997.
- Goleman D., *L'intelligence émotionnelle*, Paris, R. Laffont, 1995.
- Goleman D., *Social intelligence*, Hutchinson, London, 2007, p. 29.
- Hessel S., *Indignez-vous !*, Indigène Editions, Montpellier, 2011.
- Hessel S., *Engagez-vous !*, Edition de l'Aube, 2011.
- Heyrman J., *Multidiciplinarity and Multimedia in Quality of Care* - Education European Journal OF Cancer, Vol. 31 A, Suppl. 6, pp S 11 -S 14, 1995.
- Horgan J., *The end of science*, New York, Broadway Books, 1996.
- Illich I., *Némésis médicale. L'expropriation de la santé*, Paris, Seuil, Coll. "Points", 1975.
- JACKSON T, *Prospérité sans croissance , La transition vers une économie durable*, Etopia, De Boeck, 2010
- Joly E., *La force qui nous manque*, Ed. des Arènes, 2007.
- Mc Donough W, Braungart M et Maillars A., *Cradle to cradle : créer et recycler à l'infini* ; Coll. Manifesto, Ed. Alternatives, 2011
- Meadows D., et D., RANDERS J et BEHRENS W, « Halte à la croissance », Rapport sur *Les limites de la croissance*, Fayard, 1973».
- Meadows D., Limits to growth – The 30 year Update.
- Melzack R., Wall D., *Le défi de la douleur*, Paris, Maloine, 1982.
- Meyer Ph., *L'œil et le cerveau*, Paris, Odile Jacob, 1997.
- Montaldo J., *Lettre ouverte aux bandits de la finance*, Albin Michel, 2009.
- Nys-Mazure C., *Célébration du quotidien*, Paris, Desclée de Brouwer, Littérature ouverte, 1997.
- Peale N.V., *La puissance de la Pensée Positive*, Montréal, Le Jour Editeur, 1990.
- Poumay Paul-Yves, *Pour un comité d'éthique mondial*, in La Libre Belgique, Samedi 01/10/2011
- Prigogine I., *La fin des certitudes*, Paris, Ed. Odile Jacob Sciences, 1996.
- Quadens O., *L'architecture du rêve, du cerveau à la culture*, Louvain, Ed. Peeters,

1990.

- Roche M., *La banque : comment Goldmann-Sachs dirige le monde*, Paris, Albin Michel, 2010
- Rogers C.R., *Le développement de la personne*, Paris, Dunod, 1968.
- Sebag-Lanoë R. *Mourir accompagné*. Paris, Desclee de Brouwer, 1990.
- Shumaker S., Berzon R., *The International Assessment of Health-relted Quality of Life*, New York, Rapid Communication.
- STIGLITZ JE, SEN A, FITOUSSI JP, *Mesure de la Performance Économique et du Progrès Social*, Rapport de Commission, 2009.
- Stone K.F. et Dillehunt H.Q., *Self Science : The Subject is Me*, Santa Monica, Goodyear Publishing Co, 1978.
- Tietze H.G., *Votre corps vous parle. Ecoutez-le*, Montréal, Le Jour, 1989.
- Toffler A., *La troisième vague*, Denoël, Paris, 1980.
- Toffler A., *S'adapter ou périr*, Denoël, Paris, 1985.
- Toffler A. et H., *Créer une nouvelle civilisation : la politique de la troisième vague*, Paris, Fayard, 1995.
- United Nations Environment Programme, *Marine litter : a global challenge*, 2009 : 232, http://www.unep.org/regionalseas/marinelitter/publications/docs/Marine_Litter_A_Glo bal_Challenge.pdf.
- Van den Bosch Ph., *La philosophie et le bonheur*, Paris, Flammarion, 1997.
- Vincent J.D., *Biologie des Passions*, Paris, Ed. Odile Jacob, 1986.
- Ward B.J., Tate P.A. *Attitudes among NHS doctors to requests for euthanasia*, British Medical School, Vol. 308, 21.5.94, pp. 1332-1334.

La Société Européenne est entrée dans une période de ruptures.

Le citoyen a perdu ses repères et le politique ne comprend plus les choix de celui-ci.

Cette situation est due à une gigantesque régression dans la pyramide des besoins humains.

C'est ce qui explique en grande partie le Brexit et qui risquerait d'amener d'autres pays dans cette voie.

A partir de notions sociologiques, nous pouvons trouver des pistes pour contrer ce risque et offrir un avenir motivant aux Européens.

Chantal COUVREUR, sociologue et docteur en santé publique, a été Expert à la Commission Européenne de 1990 à 1998. Elle a été une pionnière en Soins Palliatifs puis s'est intéressée à l'influence de la qualité de vie sur la santé. Ces dernières années, elle s'est impliquée dans la nouvelle société de partage pour les seniors.

www.chantalcouvreur.be

www.ingramcontent.com/pod-product-compliance
Lightning Source LLC
Chambersburg PA
CBHW071312280526
45788CB00004B/1885